Cornelia Busse

Fräulein Busse, Sie Früchtchen!

Oder:
Wie man sich das Leben schönphilosophiert

novum pro

www.novumverlag.com

Bibliografische Information
der Deutschen Nationalbibliothek:

Die Deutsche Nationalbibliothek
verzeichnet diese Publikation in
der Deutschen Nationalbibliografie.
Detaillierte bibliografische Daten
sind im Internet über
http://www.d-nb.de abrufbar.

Alle Rechte der Verbreitung,
auch durch Film, Funk und Fernsehen,
fotomechanische Wiedergabe,
Tonträger, elektronische Datenträger
und auszugsweisen Nachdruck,
sind vorbehalten.

© 2021 novum Verlag

ISBN 978-3-99107-001-6
Lektorat: Tobias Keil
Umschlagfotos: Cornelia Busse,
Artbyfranzi | Dreamstime.com
Umschlaggestaltung, Layout & Satz:
novum Verlag
Innenabbildungen:
S. 30: Janko Cheesay,
S. 31: Cornelia Busse
Autorenfoto: Cornelia Busse

Die von der Autorin zur Verfügung
gestellten Abbildungen wurden in der
bestmöglichen Qualität gedruckt.

Gedruckt in der Europäischen Union
auf umweltfreundlichem, chlor- und
säurefrei gebleichtem Papier.

www.novumverlag.com

*W*omit fängt man an, beim Schreiben? Einfach das aufschreiben, was man gerade denkt … Also gestern, die Predigt war sehr gut, der Redner war witzig und charmant, aber heute ist schon wieder alles verflogen. Gott liebt mich also mehr als alle Sterne des Universums, mehr als alle Sandkörner im Meer, bla, bla, bla. Das war sehr unfreundlich von mir, und eigentlich weiß ich es besser!
Eine der schönsten Eröffnungen eines Buches, wie ich finde, stammt aus Daphne du Mauriers Buch „Rebecca", and it reads: „Last night I dreamt I went to Manderley again."
Wow, gets you right there. All imagination opens up! You see that beautiful estate comes to life, again. One of the most beautiful places in England.
… Und da steht: Letzte Nacht träumte ich, ich ging wieder nach Manderly.
Bo, das trifft dich da ganz schön. Die Fantasie öffnet sich! Du siehst, wie das schöne Anwesen wieder zum Leben kommt. Einer der schönsten Plätze in England.
Es war wieder ganz entzückend in den Österreichischen Alpen, ich hatte Mal wieder nicht aufgepasst, und peng! Ich rutschte den Berghang hinunter und konnte mich nur am Almrausch festhalten! Es schien Ewigkeiten später, als mein Mann über mir auftauchte. Man ist ja geschult durch diese Soap-Operas (triviale Vergnügungssendungen im Fernsehen), und so fragte ich ihn süffisant: „Hättest du die Freundlichkeit, mich hier hochzuziehen?"
Er: „Das kommt davon, wenn man nie auf den Weg achtet!"
Wie wahr, wie philosophisch, er hatte dann tatsächlich die Güte, mich hochzuziehen.
Aber er kann ganz weltmännisch sein, an der Supermarktkasse in Hallstatt wurde er für einen Einheimischen gehalten, also wegen

seiner Bräune und der schweren Bergschuhe. Irgendwelche Ostdeutsche meinten dann, ihn belehren zu müssen, und er faselte dann etwas, wie: „Man muss lernen zu warten." Mann, war ich da stolz auf ihn. Ich war ja sehr verwöhnt, und abends saß ich ganz faul am Tisch, um der Genüsse zu erwarten, ich wurde nicht enttäuscht: frisch gefangener Saibling, in etwas Butter geschwenkt. Dazu ein österreichischer Wein, lecker. Danke! Am nächsten Tag fand ich heraus, dass es keine gute Idee ist, einen ganzen Tag am Berg zu verbringen! Ich wusste nicht, dass Muskeln so steinhart werden können! Das sind vielleicht Schmerzen, man kann nicht mal sein eigenes Bein berühren, so sehr tut das weh! Einmal sind wir heile vom Berg heruntergekommen, und wir sind doch tatsächlich in eine katholische Kirche gegangen und haben Kerzen entzündet. Wir fühlten uns wie Kinder! Und vor Gott sind wir ja wie Kinder.
Mit 15 Jahren war ich in der Ausbildung zur Apothekenhelferin. Am Abend, es war 18:30 Uhr, wähnte ich meine Kollegin Monika neben mir. Ich holte aus und schlug ihr kräftig auf die Schulter mit einem herzhaften: „Na, haben wir es wieder Mal geschafft?" Aus den Augenwinkeln sah ich sie zu Boden gehen. Dummerweise war es mein Chef! Ich wollte vor Scham in den Boden sinken! Er aber konnte nicht aufhören zu lachen! Glück gehabt!
Als jungfräuliche Fünfzehnjährige hatte ich eine große Schnauze. Einmal begutachtete ich so ein netzartiges Höschen, in die man die Damenbinden reinlegen konnte. „Ah", sagte ich, „das reizt den Mann!" Woraufhin Fräulein M. mich zurechtwies: „Fräulein Busse, Sie Früchtchen!"
Kennen Sie das auch? So etwas wie ein Déjà-vu?
Ich hocke jeden Tag vor meiner Tastatur und hoffe so sehr, etwas Erleuchtendes zu schreiben.

Ich hatte endlich eine richtige Jugendzeit, so mit Spaß, das kannte ich ja noch gar nicht. Wir waren mit anderen jungen Leuten aus Kirchweyhe auf dem Bremer Freimarkt, ich hatte ein auberginefarbenes Kleid an, in Midilänge – und fesche hohe Schuhe, die mit Schnürsenkeln zu binden waren. Ich tanzte auf dem Tisch und heiße jetzt Schnürschuh.

Weil mein Vater sich nie um mich gekümmert hatte, hätte ich meinen Sohn nie Hans genannt, mein Vater hieß nämlich Hans-Georg. Oberschlau wie ich bin, stieß ich auf einen sehr schönen Namen: Ansas! Das ist aus „Die Reise nach Tilsit". Es handelt von einem jungen Ehepaar, Indre und Ansas.
Aber damit ist der Spaß ja noch nicht zu Ende! Als ich mit dem Kind bei der HNO-Ärztin war, die aus Polen stammte, verriet sie mir, dass Ansas „Hans" bedeutet. Reingefallen!
Als junge Frau liebte ich die Fernsehsendung „Twilight Zone", schon die Anfangsmusik begeisterte mich. So schön unheimlich und spannungserzeugend. Besonders traurig stimmte mich die Episode mit der Lesebrille. Dieser Eigenbrötler liebte es zu lesen, er hatte keine Freunde, seine einzigen Freunde waren die Bücher. Na gut, es gibt einen schrecklichen Unfall – wahrscheinlich atomar. Er kriecht also durch die Trümmer zur Bibliothek und freut sich ganz wahnsinnig, dass er den Rest seines Lebens jetzt lesen kann, ganz ungestört. Und plötzlich „crack" (knirsch), und seine Lesebrille ist kaputt. Ist das nicht furchtbar?
Eine andere Gedankenassoziation ist folgende:
Die Geschichte von der kleinen Meerjungfrau. Sie liebte den Prinzen so sehr, dass sie ihr ewiges Leben aufgab. Dann geht sie also in die Kirche – und jeder Schritt ist, als würde sie auf Messern laufen. Das hatte ich auch schon Mal, ich hatte eine Dornwarze unter meinem linken Fuß. Mensch, tut das weh!
Der Arzt jagte eine große Spritze in das Ding, aber das tat sogar mehr weh als die Warze, dann hat er das Ding ausgeschabt, aber es kam immer wieder!
Gott ist ein Gott der Wunder! Einmal wurden mein Mann und ich bewahrt, wir waren Richtung Bodensee unterwegs. Ich sah im Rückspiegel einen LKW auf uns zurasen, und wumm, nochmal gutgegangen, auf der Beifahrerseite sah ich, dass der Wagen auf dem Bürgersteig vorbeijagt, also nicht auf uns geprallt war. Ich dachte noch: „Hoffentlich war niemand auf dem Bürgersteig!"

Das mit der Fibromyalgie war auch höchst eigenartig. Ich hatte als junge Frau immer starke Zahnschmerzen, wie oft hat mein

Mann mich in die Notdienst-Zahnarztpraxis kutschiert! Die haben immer nichts gefunden. Ich hätte sie am liebsten angefleht, alle Zähne zu ziehen.

In der Nordheimstiftung in Cuxhaven-Sahlenburg dann endlich die Aufklärung: Ich erzählte von meinen Phantom-Zahnschmerzen.
„Aha, das findet man oft bei Fibromyalgie!"
Ab da an war die Therapie ein Kinderspiel.
Einmal hatte ich starke Lichtblitze in meinen Augen, ich schob es auf Stress bei der Arbeit. Ein wenig mulmig war mir doch, also hat mein Mann mich in die Augenklinik in Bremen gefahren.
Eklige Untersuchung, die hebeln einem da die Augäpfel heraus!
Und war ja klar, es war nichts zu finden!
Bis ich auf den Trichter kam, natürlich: Augenmuskeln!! Auch Augenmuskeln sind von der Fibromyalgie betroffen.
Ich wollte, ich wäre so witzig wie Hape Kerkeling!
Der Mann ist wirklich unerreicht.

Heute hatte ich wieder einen „strange encounter" with God, also eine seltsame Begegnung mit Gott. Mein muslimischer Taxifahrer konnte einfach nicht aufhören, mit mir über Gott zu sabbeln! Stellen Sie sich das Mal vor! Was passiert hier? Weiß ich auch nicht! Es heißt ja, dass Gott in mysteriösen Wegen arbeitet, aber sie führen immer zum Ziel! Hat schon Pater Brown gesagt, also gespielt von Heinz Rühmann! Und wer bin ich, um ihm zu widersprechen? Richtig! Niemand!
Heute, also am 31. 10. 2019, hatte ich ein gespenstisches Erlebnis. Ich bin – wie üblich – zum Realkauf getigert, um einen Brief in der dortigen Postfiliale einzuwerfen. Das gibt so ein gutes Gefühl, der Briefkasten ist innen, der Brief bleibt sauber und trocken, nicht irgend so ein dahergelaufener Briefkasten im Freien, wo jedermann etwas hineinwerfen kann, zum Beispiel Silvesterböller. Im Real war niemand! Ich gehe wieder zurück, auch niemand im Lidl oder im Friseurladen! Langsam dämmert es mir, ich dachte, die hätten den Reformationstag abgeschafft. Falsch gedacht.

Und hier ist ein Gedicht von Jan-Ingmar Fabisch:

Ich habe ihr sanftes Vibrieren
verführerisches Ping vermisst,
das so hell
eindringlich
in meinen Ohren drang,
wie sie die Zeit nahm,
in ihr verstrich.
Ihr schwarzes Kabel,
das sie stolz trug,
steckte,
um es ihr zu geben,
und sie brauchte es täglich,
war schier unersättlich,
ohne lief nichts,
doch sie machte alle heiß,
die ihr ausgeliefert waren,
es gab kein Entrinnen,
wer ihrem Charme erlag,
entkam ihr nicht,
doch die Zeit der Lust zog
vorüber,
sie wurde kühl,
war ganz erkaltet,
vergessen,
bis eines Tages ein Schauer
sie durchzuckte,
voll Leidenschaft,
der Teller dreht sich
wieder,
umgeben von sanfter
Vibration,
nur auf Glanz und
Glamour
steht sie nicht,
meine Mikrowelle
geht wieder.

Es war meine Schuld. Ich hatte meine Mikrowelle als Kurzzeitwecker missbraucht. 25 Minuten. Plötzlich „kabemm" – und der Strom war weg. Kleine Wasserexplosion in der Mikrowelle. Kein Problem, eben den Hebel im Sicherungskasten hochgestellt. Strom geht wieder. Schaden begutachtet: sieht nicht gut aus. Erstmal lüften, Mikrowelle auswischen. Nichts.
Am nächsten Morgen: Sie geht wieder – geht doch!
Ich habe da so einige Rückblenden, was mein Leben betrifft: Die erste war, als meine kleine Schwester Eva mit mir am Stichkanal in Hannover-Limmer spazieren ging, sie schleuderte mit ihrem Schuh herum, der mit Zeitungspapier ausgestopft war, und „splash" (platsch), er fiel ins Wasser. Ich wusste, dass wir großen Ärger bekommen werden, also sprang ich in das kalte Wasser, um den Schuh zu retten! Leider konnte ich damals noch nicht schwimmen! Nun gut, hinein, im „Hundepaddelstil" geschwommen, ich habe das Ding auch gefunden – aber wie hochkommen? Die Stufen waren glibberig und grün. Aber irgendwie kam ich hoch! Mann, haben wir ein Donnerwetter bekommen!
Auch im Nachkriegsdeutschland war es sehr schwer. Überall lagen noch zerstörte Häuser herum, ein guter Fund aber war dabei, eine wunderschöne colorierte großformatige Bibel, aber die nahm mir Tante Mieze weg.
Meine erste entsetzliche Erfahrung mit einem jungen Mann war in der Höpfnerstraße in Hannover-Ricklingen. Er verfolgte mich schon die ganze Zeit, plötzlich holte er auf – und rammte seinen Finger da unten in mich rein. Ich fühlte mich vergewaltigt und hatte Angst.

Als junger Mensch war ich bedachtsam und sparsam, von meinen Putzarbeiten hatte ich 600 DM zusammengebracht, die lieh ich Tante Mieze für Renovierungsarbeiten. Da war ich mächtig stolz.
In Amerika geriet ich leider in einen Kaufrausch, es war so schön, mal nicht auf jeden Cent zu achten.

Neulich habe ich meinen Staubsaugerbeutel gewechselt. Kann ich schon richtig gut. Aber dann habe ich den Deckel irgendwie ausgehebelt – und nicht wieder drangekriegt.
Petra von der Kirche kam vorbei, die kann so was.

Und dann bat ich Jan-Ingmar, mir ein Gedicht über das Missgeschick zu schreiben:

Er war elegant,
sein Blau leuchtete
verführerisch,
wenn ich ihn ansah,
über seine Rundung
elektrisiert,
fuhren meine Hände
bis zum Schaft,
dann kam er kurz
auf,
brummte leise,
ich umschloss
seinen Schlauch,
führte ihn hin und her,
berührte dabei
sein blankes Rohr,
wir gerieten
in Ekstase,
wild unterm Sofa,
uns wurde heiß,
er verstummte.

Anmerkung: ein Schelm, der Böses denkt ...

Weitere wunderbare Gedichte von Jan-Ingmar:

Gotteskind
Du wurdest ins Leben gesandt
in eine fremde Welt,
voller Steine,
doch Gott führte deine Hand,
seit dem ersten Licht,
das dich berührte,
du hast die Welt angelächelt,
Gotteskind.

Ich glaube,
denn Jesus nahm meine Sünde,
dafür wurde er ans Kreuz geschlagen,
doch stand er wieder auf,
um meinen Weg zu bereiten,
mich zu leiten,
so spreche ich meine Gebete,
vertraue ihm,
denn er nimmt mir Angst
und Furcht, vor dem, was vor, was
hinter mir liegt,
und wenn die Straße dunkel ist,
ist er Licht und Schatten zugleich,
der mich begleitet,
bis der Tag anbricht.
Ein neuer Morgen geht auf,
und die Sonne füllt mein Herz,
und ich weiß, dass er es ist,
der Schmetterling, Hummel, die
Spinne und der Tau,
in dem ihr feines Netz glitzert,
er ist Wind und Regen,
der mich erfrischt.
Ich glaube an ihn,
der mich erlöst hat,
so gehe ich in den Tag

und in die Nacht,
erfüllt mit seinem Geist.
Ich glaube.

Der Schatten fällt
unterm Mondbogen,
Nebel strecken
kalte Finger
herzenlang.
Atem stocken
unter langen Schritten.
Eulen krallen sich
an dürren Ästen,
knochengleich,
rufen schauerlich,
starren mit gelben Augen,
gleiten lautlos
durch die Finsternis.
Tag der Nacht,
scharfe Schnäbel
blitzen auf
im fahlen Licht,
bleich scheinen Wände,
an denen Schatten gleiten,
stumme Gestalten
mit Hüten stehen am
Straßenrand.
Laternen zeichnen sich ab,
Angst kriecht empor,
Blut gefriert, unter
Gänsehaut der Schrecken,
Herrin und Herr zugleich
fährt darunter tief ins Mark,

bis der Tag naht,
doch die Nacht vergisst nie.

Und hier noch eines von mir:

Gott existiert außerhalb der Zeit, unfassbar für uns, ER ist der Ewige, Alpha und Omega, Yeshua, der Weltenbegründer, Dank sei dir, durch dich leben wir ewiglich, im Schein und im Staub der Sterne.

Ich fand die Sterne schon immer faszinierend. Das war der Spruch von Wissenschaftsingenieur Spock (Raumschiff Enterprise): „Faszinierend!"
Ich war manchmal frech zu meinen Vorgesetzten, als Gregor mit diesem neumodischen Telefon im Ohr in der Apotheke auftauchte, fragte ich ihn: „Na, wurdest du assimiliert?" Das war nämlich die unschöne Angewohnheit der Borg (mit Maschinenteilen versehene Wesen). Captain Picard wurde auch assimiliert, wurde aber wieder „deassimiliert" durch die überragende Technik der Zukunft. Ist doch toll, oder?

Die Beziehung zu meinen Söhnen ist belastet. Der Älteste ist ein knallharter Geschäftsmann geworden. Als ich mit 2 Hypotheken dastand, hat er mir mit monatlich 400 € ausgeholfen.
Etwas befremdlich fand ich es, als er mir 2 Exemplare eines Vertrages zuschickte, einen davon musste ich ihm unterschrieben zurückschicken.
Natürlich habe ich später alles bezahlt. Nachdem ich im Irrenhaus war, hat er 2 x versucht, mich entmündigen zu lassen, das ist sehr demütigend. Das Amtsgericht sah das Gott sei Dank anders. Neulich betete ein Mann in der Kirche für mich. Er betete, dass die Scham mich verlassen muss. Ja, ich habe Scham in mir, ich bin immer noch eine Sünderin. Aber muss man das in der Öffentlichkeit machen? Ob die anderen wohl gedacht haben: „Was die wohl auf dem Kerbholz hat?"
Da sind katholische Beichtstühle doch privater.

Mein Sohn Marten (oje, verklagt der mich jetzt auch, weil ich seinen Namen benutze?) hatte auch ein gestörtes Verhältnis zur Polizei. Ich hatte ihn zum Lidl geschickt, um Kartoffeln zu kaufen. „Nimm den Hund mit", sagte ich, „damit der Mal rauskommt." Ist eigentlich eine Hündin namens Wayka, hochadelig, aus dem Hause Hindenburg. Er berichtete mir später, dass die „Bullen" ihn angehalten hätten, weil es illegal sei, einen Hund neben sich am Fahrrad zu führen. Er stieg dann ab und schob. Und er kaufte – und brachte – die gewünschten Kartoffeln nach Hause. Gut so.

Ich „kann auch" Poesie, hier der Beweis:

Wir sind verbunden
in einem absurden
Reigen
des Kosmos,
wir fühlen, denken,
dennoch sind wir
gefangen
im Spinnennetz der Matrix,
wissend,
dass auch sie zerstört
werden wird,
denn Gott wird alles
neu erschaffen,
selbst die
Universen.

Als ich ein Kind war, hatte mich die Oma zum Stadevogt geschickt. Der wohnte in einem kleinen Holzhäuschen in der Nähe der Herrenhäuser Gärten.
Er war ein seltsamer Kauz, kein Wunder, er hat die Flucht aus Ostpreußen nie verwunden.
Mein Herz war voller Liebe für meine Oma, ich bin singend und hüpfend den Weg gegangen.
Im Häuschen hatte es immer eigenartig gerochen, wahrscheinlich durch das Holzfeuer, welches der Stadevogt machte. Ein komischer Name, warum er Stadevogt hieß, habe ich nie herausgefunden.
Ein anderer seltsamer Vogel war der Onkel Kaless, er wohnte in einem Flüchtlingslager in Hannover-Ricklingen, das waren damals schreckliche Wellblechhäuser, die Leute hatten nur kaltes Wasser zum Waschen und über das Gelände huschten Ratten – gruselig! Der Onkel gehörte den Zeugen Jehovas an und behauptete, dass nur 144000 Menschen in den Himmel gelangen würden, da weinte ich – und sagte: „Onkel, was ist denn mit den anderen Menschen auf dieser Welt?"
Die Oma sagte immer: „Cornelia lügt nie!", aber ein Engel war ich auch nicht, einmal habe ich ihr die Zunge ausgestreckt, ich dachte, sie sieht es nicht, weil ich ein Geschirrtuch vor mein Gesicht hielt. Hat sie aber doch gesehen! Meine erste mir bewusste Lüge habe ich mit 5 „verbrochen". Ein Nachbarskind stand mit mir vor dem Spiegelschlafzimmerschrank des Vermieters. Ich tat so, als könnte ich Ballett tanzen, aber wir hatten kein Geld für sowas. Ich konnte immerhin den „Pli-e", aber damals wusste ich noch nicht, dass das so heißt.
Nachdem Oma gestorben war, sind wir von Hannover-Limmer nach Ricklingen umgezogen. Die Tante, meine Schwester E. und ich.
Dann fing das Elend an, als die Tante wieder heiratete und ihr Mann mit einzog. Nächtliches Busengrabschen, Schläge mit dem Kleiderbügel, weil wir „die Tür zu laut zugemacht hatten", und Drohungen. Dann hatten Tante und Stiefonkel wüste Streite, einmal kam sogar die Polizei, ich fertige die Beamten mit „alles in Ordnung" ab.

Noch ein Gedicht von mir:

Was sieht Gott in uns,
die wir so zerbrechlich
sind,
ER sieht, dass wir
reingewaschen
sind im Blute
Christi,
ER sieht unsere
täglichen
Kämpfe,
unsere gescheiterten
Versuche, IHM zu
gefallen,
und trotzdem liebt ER,
ER ist Gott!

Genau, aber da fühlt man sich manchmal etwas fehl am Platze. Ich bin nicht perfekt, nur Jesus kann mich perfekt machen!

Für die Freunde der englischen Sprache – hier die Übersetzung:

What does God see in us,
we who are so fragile,
we are but dust before Thee, o Lord,
HE sees, that we are washed
In the blood of Christ,
to be pure
in His sight,
He sees our daily struggles,
our failed attempts to please
Him, but nevertheless,
He loves,
He is God!

Die Hoffnung stirbt ja zuletzt, und es heißt, dass Frauen in meinem Alter eher vom Blitz erschlagen werden, als dass sie einen neuen Partner finden.
Wie wahr! Neulich ging ich an einem Geschäft in Cuxhaven vorbei. Aus den Augenwinkeln sah ich 2 Männer davorstehen. Der eine sagte: „Oh mein Gott, ist das Paris Hilton?"
Er folgte mir, ich drehte mich um, na gut, er lief nicht davon, aber er lächelte nur. Also, davon habe ich nichts!
In irgend so einem Datingportal (das gibt die Möglichkeit, jemanden kennenzulernen) bin ich Mal auf einen Mann aus Luxemburg gestoßen, wir haben auf englisch geschrieben. Als Beweis, dass er es ernst meint, bat ich um Zusendung von Blumen – ich wäre krank im Moment.
Da kam doch tatsächlich per Fleurop ein riesiger Strauß Blumen mit einem Teddybären darin (für mich, das kranke Huhn) und eine große Flasche Sekt. Ehe jetzt falsches Mitleid mit diesem armen Mann aufkommt – er schrieb später aus Dänemark. Begleitet war die E-Mail von einem Foto einer jungen Frau im Krankenhaus, und er bat um 5000 € für eine dringend benötigte OP. Ich schrieb zurück, dass Dänemark doch ein zivilisiertes Land und seine (angebliche?) Tochter als Studentin krankenversichert sei. Damit war der Spuk endlich vorbei.
Paul Wilbur singt „Wenn ich doch nur dein Gesicht sehen könnte" (er meint Jesus), auf dem Weg zum Zahnarzt singe ich das – und Gott malt mir ein großes Männergesicht in die Wolken!
Ich liebe den Film „Amadeus", besonders als der Kaiser zu Mozart sagt (beeinflusst durch die eifersüchtigen Hofschergen): „Zu viele Noten!"
Mozart schrieb genau so viele Noten, wie er es für richtig hielt und ich glaube, dass Gott sie diktiert hat.

In Mexiko auf einem Campingplatz saß ein Mann in einem Rollstuhl. Als ich an ihm vorbeiging, sagte er zu mir: „You are the most sensuous woman, I have ever met!"
Also ich wäre die sinnlichste Frau, die er jemals getroffen hätte. He? Ich bin da ganz normal vorbeigegangen, kein Wiegen der

Hüften – oder anderes. Außerdem hatte ich schon immer einen dicken Bauch, das ging los mit meinem 15. Lebensjahr. Von da an ging's bergab.

Meine Freundin sagte, ich sei schön wie eine griechische Göttin. Sie hätte einen Augenarzt aufsuchen sollen!

Ich bin ja von „Zuhause" weggelaufen, richtiger wäre es, es als entkommen zu bezeichnen, wegen des Stiefonkels.

Ich kam dann in das Wohnheim Tabea, nahe der Eilenriede, ein Dreibettzimmer, dass ich u. a. mit einer Gerlinde teilen musste. Die war lesbisch und hat mir Avancen gemacht. Nein danke!

Das Gute an dem Aufenthalt da war, dass der Bruder von Marlies kam.

Ich sah seine braunen Augen – und war verloren! Ihm war es auch so ergangen.

Lange Rede, kurzer Sinn, ich kam ihn in Kirchweyhe besuchen. Leider hatte er später nur noch ein braunes Auge – das andere verlor er und es wurde durch ein Glasauge ersetzt.

Es ist ja so üblich bei der Bundeswehr, dass man am Freitagnachmittag noch ein Gläschen trinkt und dann ins Wochenende startet. Dummerweise war es an diesem Tag sonnig und mein Mann fuhr – von der Sonne geblendet – in einen Vorgartenzaun. Der kleine silberne Golf war nicht kaputt, ich konnte ihn später benutzen, um meinen Mann in der Augenklinik der Bundeswehr in Bad Zwischenahn zu besuchen.

Das Auge konnte nicht mehr gerettet werden! Das sollte später seinen Traum zerstören – also, wenn er dann in Pension wäre – mit einem großen LKW durch Europa zu fahren! Die EU verschärfte die Gesetze – nicht nur was die Personenbeförderung betraf – auch für Schwerlasten – oder Beförderung allgemein, mit mehr als 4 Achsen.

Hier ein neues Gedicht von Jan-Ingmar:

Leise bedecken
herbstfallende Blätter
sommerlaue Nächte,
Reif glitzert unter Sternen
bis zum Wintermond
und Morgen,
Schnee fällt über
Spuren, Erinnerungen,
dem Vergessen
wie es einst war,
als die Heide blühte
und Möwen riefen,
doch nun ist es still im Watt,
nur der Goldfluss
leuchtet im Abendlicht,
nur des Mondes kalte Sichel
liegt weit oben,
zwischen Nebel und Sternen.

Ich bin geborgen aus der Mutters Schoß,
damals,
in die Welt voller Licht,
verließ Wärme, Geborgenheit,
nackt, hilflos,
schrie ich,
wurde geborgen,
ins Leben,
lag in den Armen,
lachte,
war da,
auf dieser Welt,
mein kleines Herz schlug,
füllte meine Lungen,
mit ihrem Duft,
ich wurde geborgen
aus der Mutter Schoß.

Und die Saga geht weiter:

Ich danke dir, Herr Jesus, dass du mir dein Licht schenkst,
das mich leitet, mir Hoffnung gibt,
mich durch die Finsternis begleitet,
mich hinausführt,
zu deinem Licht,
welches niemals verlischt.
Entzünde den Menschen deine Kerze,
damit es etwas heller wird.

Das Ufer ist weit,
ich kann nicht übers Wasser gehen,
doch du nimmst meine Hand,
führst mich,
vertraue,
du wirst nicht untergehen,
setze einen Fuß
vor den anderen,
und gehe
übers Wasser,
dort, auf der anderen
Seite,
warte ich auf dich,
jenseits der Weite,
denn ich bin dein Ziel,
sieh nicht aufs Wasser dort,
geh einfach weiter,
Schritt um Schritt,
leg alle Last ab,
bevor du gehst,
lass los,
das dich hält,
solange du brauchst,
um übers Wasser zu gehen,

denn du bist mein Sohn
und Bruder zugleich,
den ich verloren glaubte,
denn du bist der,
den ich sehnte,
vertraue,
denn am anderen Ufer steht ein
neues Haus, tritt dann ein.

Als ich Jesus begegnete,
lief ER neben mir her,
bis der Weg steinig wurde,
ich rief nach IHM
und merkte nicht,
dass ER mich den ganzen Weg trug,
über Steine und Dornen hinweg.

Mit freundlicher Inspiration von Eva Maria Kohl.

Treibgut
Ich bin nur ein Stück Treibgut,
und du, Herr,
hast mich aufgehoben,
mich mit dir genommen,
nicht darben lassen,
zwischen Wogen, Wind
und Sonne,
bin ein kleines Stück Treibholz,
von irgendwo,
unmerklich.
Doch du hast mich gesehen,
von Tang und Schmutz befreit,
hast dich zu mir gebeugt,
angesehen,

auf Augenhöhe,
gabst mir Hoffnung,
schenktest mir Glaube,
was ich weitergebe,
an die, die neben mir lagern,
die vergessen haben,
zu glauben und zu hoffen.

Danke für deine
Annahme, danke für deine Bereitschaft,
mich zu geleiten,
danke für dein Danken.
Danke für deine Chemie, die in mich einfließt,
danke, dass ich dich erleben darf,
danke für dein Fordern,
danke für deine Gnade,
die du mir schenkst.
Danke für deine Hoffnung,
auf die ich bauen darf.
Danke für dein in mir,
dass du mir gabst.
Danke für dein Jubeln,
auch wenn ich Mal versage,
danke für deine Kraft,
die du mir gibst,
danke für deine Liebe,
die ich bedingungslos erfahre.
Danke für deinen Mund,
durch den ich erfahre.
Danke für deinen Namen,
den ich laut rufe.
Danke für dein Opfer,
dass du für mich bereitest hast.
Danke für dein Pfand,
das ich in mir trage,

danke für deine Quelle,
an der ich mich labe.
Danke für deinen Ruf,
dem ich folge.
danke für deinen Segen,
danke für deinen Trost,
den du mir spendest.
Danke für dein Ufer,
das mich rettet.
Danke für dein Verzeihen,
wenn ich Falschem folge.
Danke für dein Wort,
das ich in mir höre.
Danke für dein Zumuten.

Danke für meinen
… Atem, den du in mich einhauchtest,
danke für meine Bindung an DICH,
danke für meinen Charakter,
der mich ausmacht,
danke für deine Dankbarkeit,
danke für mein Erfahren,
danke für mein Fördern,
danke für dein Geben,
danke für dein Hinterfragen,
wenn ich unsicher bin,
danke für mein Ich,
das Du mir schenktest,
danke für jedes Mal
für die neue Chance,
die du mir gabst,
danke für mein Können,
auch wenn ich Mal nicht konnte,
danke für mein Leben,
danke für mein Menschsein.

Danke für meine Natur,
die in mir innewohnt.
Danke für mein Ohr,
dich zu hören,
danke für meine Pflicht,
die mich bauen lässt,
danke für mein Recht,
zu sein,
danke für meine Stimme,
dir zu sagen,
danke für meine Träume,
die du mir schenkst,
danke für deinen Umgang
mit mir,

danke für dein Vertrauen,
welches ich dir entgegenbringen darf.
Danke für mein Wissen, welches du
mir spendest, danke für deine Zuversicht!

Ich war mal zur Kur in Bad Camberg wegen meiner Fibromyalgie. Da ereignete sich ein gar lustiges Ding (das heißt ja heute „Event"). Ich hasse ja nichts mehr als diese Selbsterfahrungsgruppen, und das war eine solche!
Wir Frauen mussten also aufeinander zugehen, Augenkontakt, und alles. Okay, wir gingen aufeinander zu, mein Gegenüber schaukelte in den Hüften, und ich dachte „oh nein, wie John Wayne" und brach in Gelächter aus, konnte einfach nicht mehr aufhören – und flog fast aus der Gruppe. Ich bin für diese Art von Unterhaltung einfach nicht geschaffen!
Ich denke, dass die Prinzessin auf der Erbse auch Fibromyalgie hatte.
Wie kann man sonst anders, auf einem Stapel von 20 Matratzen eine Erbse spüren? Kenn ich.
Viele Menschen finden mich ja unsympathisch, ist ja auch ihr gutes Recht. Leider gilt das auch für meine eigene Schwester. Also, ich holte sie in El Paso vom Flughafen ab, soweit alles gut. Bis sie im Schlafzimmer stand, wo ich mit ihr zusammen schlafen wollte. War gut gemeint von mir, so kann man sich in den Schlaf reden und so. Sie war entsetzt – und wollte sofort zurück, oder in ein Hotel. „E." (ich möchte nicht verklagt werden), sagte ich, „man kann mit deinem Ticket nicht so mir nichts, dir nichts zurückfliegen!"
Ich bin nicht sehr organisiert, auf die Idee ihr eines der Kinderzimmer zu geben, kam ich natürlich nicht. Mein armer Mann musste beim Baby schlafen, nur der älteste Sohn hatte ein Einzelzimmer.
Und sie hat mich ständig kritisiert, ich würde meine Kinder vernachlässigen, weil ich ein paar Semester studiert hatte und mein Mann hat unseren Ältesten im Auto angeschrien, na gut, wir sind in einem reinen Frauenhaushalt aufgewachsen, das muss man also verstehen.
Das Schlimmste aber, welches ich ihr zugemutet hatte, war die Wanderung auf dem Kamm der Franklin Mountains.
Es fing damit an, dass meine Freundin Nancy zu spät kam. Wir gelangten also erst um 10 Uhr am Khelley Canyon an und be-

gannen den Aufstieg. Dabei waren meine Schwester, mein ältester Sohn, der Collie Anso und ich. Ich glaube mit nur wenig Wasser. Auf halber Höhe suchten wir im Schatten einer Höhle Zuflucht. Dann ging es weiter, dabei rutschten wir immer wieder eine Geröllhalde hinab oder rissen uns die Beine an Stacheln auf, eine reine Freude. Mein Sohn sagte nichts, aber meine Schwester lamentierte die ganze Zeit, in welch eine schreckliche Lage ich sie gebracht hätte.

Also auf der Landkarte stand, dass der Weg bis zum gewünschten Ziel weitergehe. Tat er aber nicht.

Wir standen an einer Felsenwand, so ca. 5 m hoch. Zurück? Eine Meyer nie, außerdem war Nancy ja auch nicht mehr auf dem Parkplatz. Ich sah da so hoch – und entdeckte einen Felsenkamin. Bin ich noch nie hochgestiegen. Mein Sohn als Erster, dann ich, dann der Hund, dann die Schwester. Ich zog das arme Tier, meine Schwester drückte von unten nach.

Ich weiß nicht, wie wir das geschafft haben. Oben angekommen lagen wir bäuchlings und guckten nach unten. Unmöglich! Dann war es nur noch eine halbe Stunde – und dann waren wir unten. Der arme Hund blieb zurück, unter irgendeinem Dornengestrüpp. Er kam später nach. Tiere sind schlau.

Im Haus sind wir in unseren Klamotten in den Swimmingpool gesprungen.

Sie ist sehr erleichtert nach Deutschland zurückgekehrt.

Viele Jahre später rief sie meinen Sohn an, wie er denn das Trauma erlebt hätte. Es war an einem Sonntag. Er war sehr ungehalten, ich glaube, dass sie ihn aus dem Mittagsschlaf geholt hatte. Er antwortet: „Welches Trauma?"

Sie war schon immer sehr speziell – und berichtete von ihrer Freundin, die durch Kaiserschnitt entbunden hatte – und das nie verwunden hätte, also hat sie seitdem ein Trauma! Weil sie ja nicht gesehen hatte, wie das Baby rauskam.

Ich versuchte das Ganze noch ins Humorvolle zu übertragen, denn ich wusste ja jederzeit, wo wir waren. Ich sagte ihr: „Stell dir Mal vor, kreisende Helikopter über der vermeintlichen Unglücksstelle, dann springen braungebrannte Ranger heraus und retten uns!"

Fand sie gar nicht witzig, auch nicht meinen Satz des TV-Moderators bei Channel 7 im eventuellen Unglücksfall: This night, 2 German tourists were saved, atop the Franklin Mountains (in dieser Nacht wurden 2 deutsche Touristen gerettet, auf den Franklin Bergen).
Mist, ich hätte ihr eine Rechnung über 6000 $ schicken sollen, Überschrift „Survivaltraining"(Überlebenstraining).
Wieder Mal eine verpasste Gelegenheit!

In Österreich habe ich mich auch schlecht benommen. Der Busfahrer jagte durch die Tunnel wie ein Teufel. Am Kapruner Stausee angekommen war mir übel. Ich konnte nur noch „Weinbrand" denken – und stürmte durch das Restaurant, setzte mich irgendwo hin und winkte meine Familie zu mir. Mit Schrecken sah ich das Schild auf dem Tisch, es hatte die Aufschrift „Stammtisch"!
Die Busfahrer waren aber sehr nett, sie verjagten uns nicht.
Der 2. Fauxpas geschah in einem Restaurant in Hallstadt. Wir saßen am Tisch und mein Mann und ich hatten eine Auseinandersetzung. Wütend stand ich auf und rief: „Jaja, ich war in meinem letzten Leben Adolf Hitler"!
Peinlich? Peinlich! Und ich glaube nicht mehr an Reinkarnation, Gott hat uns ein Leben gegeben – und damit eine Chance. Ich mache mir Sorgen um meine Söhne, die noch nicht an Jesus Christus glauben, wie soll ich dann im Himmel glücklich werden? Ich hoffe, dass wir es alle in den Himmel schaffen, meine Söhne, alle, die ich liebe, und Sie liebe(r) Leserin/Leser, mich eingeschlossen.
Es steht geschrieben, dass Gott selbst alle Tränen abwischen wird, das Vergangene ist vorüber. Ich denke, er wird die Erinnerung an alles Schlechte und Traurige auslöschen. Preiset den Herren!

Heute habe ich etwas über die Wichtigkeit eines Kommas gelernt. Und was mit dem Geist nach dem Tod passiert. Er geht nicht unmittelbar in die Hölle oder den Himmel, er schläft nur. Deshalb hat Jesus gesagt, dass Lazarus nur schläft. Dann hat Jesus ihn von den Toten auferweckt.

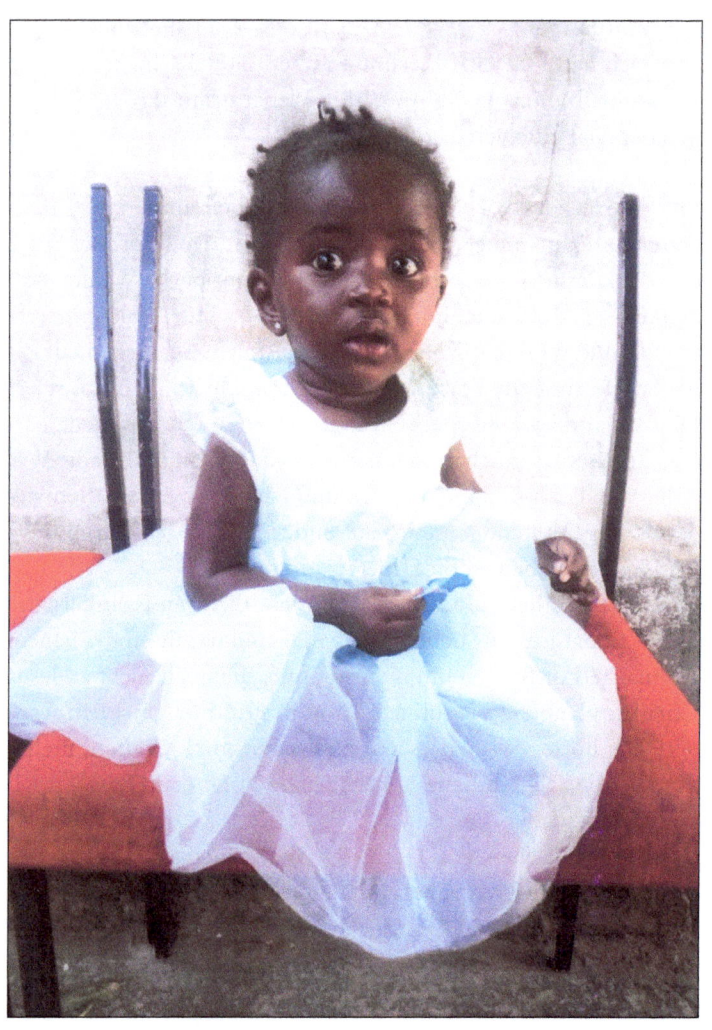

Am Kreuz sagte er zu dem einen Dieb: „Ich sage dir heute, dass du ins Paradies kommst." Mein Punkt ist, dass ER nicht sagte: „Heute kommst du ins Paradies!"
Verstanden?
Eben im Lidl höre ich eine weibliche Stimme rufen: „Junge Frau!" Hilfreich wie ich bin, eile ich zu ihr und sage „Frau ja, jung nein!" Dann reiche ich ihr den Pfeffer, sie kam da nicht ran.

Meine Tante Mieze war eine lustige Frau, ihr passierten viele Peinlichkeiten.
Sie wurde im Zoo von Hannover von einem Lama bespuckt.
Ein anderes Mal stand sie in der Straßenbahn und hielt sich krampfhaft an der Stange fest. Vor ihr stand ein hochgewachsener Mann mit puterrotem Gesicht. Dann wurde ihr klar, dass sie sich an diesem Mann festgehalten hatte, genau – da unten. Sie stieg an der nächsten Haltestelle aus, obwohl es nicht die ihre war.
Auch mit ihrer Tochter Christa ging sie humorvoll um. Einmal sagte Christa, dass sie sich zu Höherem berufen fühlte, da sagte die Tante: „Dann steig auf die Leiter und putze die Lampen!"
Das war in der Weiße-Kreuzstraße in Hannover.

Hier wieder ein Gedicht von Jan-Ingmar:

Finster schaut der Mond zum Fenster,
ächzend stehen Bäume davor,
Mondlicht stiehlt sich
durch die Ritzen,
Wind heult auf,
Schatten schleichen
an der Wand entlang,
entschwinden im Nu.
Der Schlaf von
Nachtmahr gepackt,
wiegt schwer,
leises Knarren, Klopfen

verhalten im Gebälk
schwingen Gespinste,
klappernde Fensterläden
quietschen in
Scharnieren,
kaum merkbar
fallen Nägel
und Wandteppich,
Staub wirbelt auf,
sanft sinkt die
Feder.
Lichtfinger tupfen
Punkte,
bis ein Fenster bricht,
grimmig wendet sich
der Mond und
die Bäume
leuchten grün in
der Morgenflut.

Herbstgedicht

Der Herbst weht ums Haus.
Peitscht Regen ans Fenster,
klamme Finger
umklammern den Knauf.
Ein Schlüssel öffnet
das rostige Schloss,
schwere Schritte
stapfen über
Holzdielen,
das Knarren verebbt
in den Winkeln
der Dunkelheit,
schwer geht das Atmen

in Ächzen unter,
da schlägt die Stunde,
der Blutmond schaut grässlich
zum Fenster, nur für einen Augenblick,
der Kerzenlüster leuchtet gespenstischen Schein,
erweckt Schatten, die Wände emporkriechen,
kurz verharren, bevor sie hinabfließen in die Düsternis,
der Mantel legt sich finster über den Kleiderständer, vom
Läufer verschluckt, wandeln Schritte sich empor, Treppe um
Treppe, der Lüster, von kühlem Hauch umweht erlischt,
unheimliche Rücken reihen sich aneinander, Licht flammt auf,
ein wohliger Duft heißen Tees und Gebäcks strömt durch die
Bibliothek.

Und dieses ist das Gedicht, das der arme Jan im Krankenhaus schrieb:

Steinfrei, ich bin der dichtende Nierenstein,
schreibe ab und an,
wenn mir was einfällt,
oder einfach spontan,
liege gerade zeitfrei
mit Katheter
und Steinresten
im Röhrchen,
fest verschlossen
zum Mitnehmen,
war schon mal hier,
wurde operativ operiert,
bin der dichtende Nierenstein,
steinfrei,
liege manchmal beschlaucht,
intravenös,
das Zimmerlicht brennt noch,
gehe morgen nach Hause, steinfrei,
ich war der dichtende Nierenstein.

Mein Mann hatte mich wirklich unglaublich geliebt!
Einmal ist er im dichten Nebel von Weyhe nach Braunschweig gerast. Seine einzige Orientierung waren diese weißen Streifen auf der Autobahn! Und – er hat es geschafft!
Als wir verlobt waren, habe ich ihn zum Affen gemacht. Er saß auf einem Küchenstuhl im Haus seiner Eltern – und ich kämmte seine Haare nach oben, formte einen Dutt – und um die Transformation zum Neandertaler zu vervollständigen – steckte in einem 90 Gradwinkel 4 Holzstäbe durch (die man sonst benutzt, um einen gebackenen Kuchen zu testen, ob er denn nun durch ist oder er länger im Backofen bleiben muss) mein Werk.
Das waren damals Zeiten! Mein Mann war ja Bundeswehrsoldat und damit Geheimnisträger. Er musste eine Erlaubnis beantragen, um mich heiraten zu dürfen. Im Sinne von „Soldat heiratet Bürgerliche".
Dabei bin ich fast adlig! Mein Urgroßvater war ein Freiherr von und zu Busse-Biberstein – in Ostpreußen. Es war ja damals so, dass diese vornehmen Herren Verpflichtungen hatten und Spielschulden sind Ehrenschulden, also waren das Schloß und der Titel futsch.
Mein Mann nannte mich Biberzahn, nicht sehr nett – oder?
Einmal habe ich etwas wirklich Gemeines getan. Nun ja, ich war noch sehr jung. Ich hatte 3 Verehrer zur gleichen Zeit eingeladen! Da standen sie unten vor der Apotheke (einer war der Sohn des Bürgermeisters von Wienhausen!) – und die Haushälterin und ich saßen oben am Fenster – und lachten uns kaputt! So etwas macht man doch nicht!
Meine Kindheit in Hannover-Limmer hatte etwas Schauriges, jedenfalls was die Brunnenstraße betraf, da gab es eine Stelle, an der beim Zurücksetzen des Lasters der Fahrer eine Gruppe von kleinen Kindern übersehen hatte – und 6 davon mussten dabei ihr Leben lassen!
Einmal sah ich, wie ein Motorradfahrer von einem Auto erfasst wurde, dieser Salto in verlangsamter Zeit wird mir ewig im Gedächtnis bleiben, damals war ich 9 Jahre alt.
Als mein Mann und ich das erste Mal in Amerika waren, fuhren wir natürlich auch nach Las Vegas, um die Glitzerwelt dort zu be-

staunen. In einer Bar hatte sich ein junges Mädchen komplett ausgezogen, sie tat mir leid und wir verließen beschämt die Lokalität. Amerika ist ein sehr schönes Land.
Wir haben auch den Grand Canyon besucht und auf den Wanderwegen hat mein ältester Sohn Katzengold gefunden, auch Narrengold genannt, eine Mischung aus Eisen und Schwefel, ein Pyrit, sieht wirklich schön aus!

Mir passieren oft peinliche Dinge. In Syke-Heiligenfelde hatten wir einen sehr anhänglichen Wellensittich. Der spazierte auch manchmal durchs Haus, landete auch gerne Mal auf dem Teller – und danach auf dem blütenweißen Hemd meines Mannes, das durch die braune Soße nicht mehr so blütenweiß war.
Ich hatte mir gerade die Haare gewaschen, als es passierte: Der Wind hatte die Haustür aufgedrückt, und die Gelegenheit ließ das kleine Kerlchen sich nicht nehmen, weg war er!
Es war sehr kalt, deswegen zog ich mir einen Mantel an und verpackte meine nassen Haare in ein Handtuch.
So ausgerüstet überquerte ich die Straße und rief zu den Tannen empor: „Komm zu Mama!"
Zwei Frauen gingen an mir vorbei und warfen mir eigenartige Blicke zu, ja sie verdoppelten sogar ihre Schrittzahl.
Ich rief weiterhin: „Komm zu Mama!"
Und das tat das gute Tier dann auch – er landete auf meiner Schulter und wir sind wieder ins Haus gegangen. Geht doch.

Ich denke, jeder kennt diese Gerichtshows, also z.B. mit Barbara Salesch, die hat doch so ein wunderbar rotes Haar gehabt! Der Fall mit dem Knallerbsenstrauch hat Furore gemacht! In meiner Kindheit hat so ein Schlagwort eine große Bedeutung gehabt, und zwar das Wort: Wandklappbett!
Das musste nämlich jeden Abend heruntergeklappt werden, so dass wir darin schlafen konnten!
Mein jüngerer Sohn hat mich als Wörterbuch „missbraucht", wir lagen auf dem Bett – und ich musste seine Englischüberset-

zungen machen. „Kind" sagte ich, „hol dir das Synonymbuch, da findest du alle Möglichkeiten für ein Verb, z. B. für gehen: walk, jump, run, was auch immer!"
Einmal mussten wir furchtbar lachen, als die Schäferhündin Wayka vom Bett fiel – alle vierBeine gen Himmel gestreckt!
Oder, als wir eine Doku schauten und dann war da diese Litanei: „Meine Onkel, mein Vater, meine Brüder – alle waren sie im Gefängnis!"
Oder Quizsendungen – der Brüller! Eine Kandidatin wurde gefragt, wie der fünfte Erdteil heißt – und wie aus der Pistole geschossen kam die Antwort: „Portugal!"

Und hier mein Gebet:

Herr, ich bin eine Sünderin,
zerbrochen am Leben,
Wünsche wurden
nicht erfüllt,
warum muss ich
weiterleben?
Warum holst du
mich nicht zu dir?
Warum muss ich in
meiner Unzulänglich-
keit weiter ausharren?
Ich kriege es nicht
besser hin,
ohne dich ergibt
das Leben keinen
Sinn.

In Hannover-Limmer gab es ein kleines Wäldchen, in dem das Restaurant Limmerbrunnen stand. Da war ich der Stolz der Landsmannschaft Ostpreußen, ich trug ein Gedicht vor – mit ostpreußischer Aussprache, war 6 Jahre – und hatte Ostpreußen nie gesehen. Aber Oma sagte immer, es sei das schönste Land gewesen und ich glaubte ihr das.

„Nimm deine dreckigen Gnaffeln (das ist Ostpreußisch!) vom Tisch!" Damit sind Hände gemeint.

Viele Amerikaner der breiten Masse sind nicht sehr gebildet. Bei unserem ersten Aufenthalt wurden wir gefragt, ob es in Deutschland Waschmaschinen gäbe.

Jay Leno, ein amerikanischer Moderator, befragte Menschen auf der Straße: „What is the German for ‚nein'?"

Answer: „Da!" (jetzt sind wir Deutsche also Russen?)

Frage an eine Studentin (!): „Which country has the same boundaries with America?" (Welches Land hat gemeinsame Grenzen mit Amerika?).

She said: „Europe" Noch Fragen?

Was misst ein Barometer? Jay gibt ihm Tipps über Tipps „There is a lot of pressure here!"

The man does not get it and says: „It's not temperatures, is it?"

Case rested. (Jay Leno gibt ihm Tipps über Tipps: „Da ist eine Menge Druck hier!" Der Mann fragt: „Es geht hier nicht um Temperaturen, nicht wahr?" Richtige Antwort air/Luft.)

„What's the name of our galaxy?" Wie heißt unsere Galaxie? Antwort: Galaxy 500 (richtige Antwort: milkyway, Milchstraße).

Frage: „Gegen welches Land kämpften wir im Unabhängigkeitskrieg?"

Antwort: „Frankreich."

Frage: „Was ist Chlorophyll und worin ist es enthalten?"

Antwort: „In deiner Toilette!"

„Was ist im Höcker eines Kamels?" Antwort: „Wasser." Richtige Antwort: Fett.

Politik hat mich nicht interessiert, als ich jung war, jetzt schon. Ich sitze wie das sprichwörtliche Kaninchen vor der Schlange hypnotisiert vor dem Computer – und verfolge auf youtube, wie sich das Panorama der Endzeiten entfaltet.

Mit Grauen und Faszination zugleich.

Jesus hat das Einläuten der Endzeiten mit den Wehen einer gebärenden Frau verglichen: Die Abstände werden immer kürzer und die Intensität nimmt zu!

Wer sind Gog und Magog? Gog ist ein Titel – und es könnte der russische Präsident sein.

Es dreht sich alles um Israel und die Schlacht von Armageddon. Anfang des Jahres ist ein unglaublicher Fund in Israel gemacht worden: Carmeltazite! Ein Mineral, das man bisher nur in herabgestürzten Meteoriten fand. In der deutschen Sprache würde man es sicherlich Carmeltazit nennen, ich gucke ja immer auf English youtube.

Auf youtube findet man immer so spannende Dinge heraus, zum Beispiel, dass die Klagemauer nicht Bestandteil des Tempels war! Da beten die Juden doch tatsächlich die Überreste einer römischen Festung an! Und stecken so kleine Zettelchen hinein.

Hätten sie das Neue Testament gelesen, würden sie das nicht machen, denn Jesus hat vorausgesagt, dass nicht ein Stein auf dem anderen stehen bleiben würde. Und genau das ist passiert, die Römer haben 70 A. D. fein säuberlich alles abmontiert – und nach Rom geschafft. Das kann auch der Geschichtsschreiber Josephus bezeugen.

Zudem denkt jeder, wie kann das sein, der dritte Tempel kann nicht gebaut werden, da steht doch die Moschee mit der goldenen Kuppel drauf, wo mal der zweite Tempel der Juden stand! Wieder falsch, es war ein anderer Platz. Das bedeutet, dass der dritte Tempel jederzeit gebaut werden kann – und das rote Kalb zur Opferung gibt es auch schon.

Dieses große Kriegsgeschrei auf der ganzen Welt (nations against nations) – jeder will jeden auslöschen, hat Albert Einstein sehr treffend beschrieben:

It is easier to denature plutonium, than the evil
spirit of man.

Es ist leichter Plutonium als den bösen Geist des Menschen zu denaturieren.

Hitzige Gefechte zwischen Christen und Anhängern der Evolutionstheorie (eigentlich müsste es ja heißen: der Evolutionsreligion). Der Christ fragt den Atheisten: „Du glaubst ja, dass wir von den Primaten abstammen – war der erste Affe männlich oder weiblich!?"

Mit anderen Worten: „War das Huhn als Erstes da oder das Ei?" Klar, alles kommt aus der Ursuppe, und dann schwimmen da kleine glückliche Bakterien oder Amöben herum, und sie rufen aus: „Ich werde Mal ein Fisch", schreit der andere noch lauter: „Und ich werde Einstein!"

Warum es so viele Kriege gibt? Weil der Mensch so ist!

Jesus Christus war ja Jude – und nicht Christ, Hitler hatte das verstanden, als er vor einem Kreuz stand und an das Kruzifix hinaufgrölte: „Komm herunter, du Judenjunge!"

Noch eine Anekdote: Die Israelis haben ein riesiges Gasfeld vor der Küste „Leviathan" genannt, na gut, mit dem Alten Testament haben sie sich ja ausgekannt!

Damit wir unsere jüdischen Wurzeln nicht vergessen, haben wir in der „church of the covenant" (die Kirche des Bundes) so schöne jüdische Tänze getanzt. Macht Spaß und fit.

Manchmal, denke ich, wollen die Leute wirklich so endlos lange Bücher lesen? Natürlich nicht! Also, ich lese immer den Schluss vor dem Anfang, dann weiß ich, was mich erwartet!

Es gibt ein Buch mit dem Titel „So weit die Füße tragen", genialer Titel, ich musste zwar nicht aus Sibirien heimkommen, aber als Kinder sind wir stundenlang draußen rumgerannt.

Von Hannover-Limmer bis ganz hin zum Benther Berg und denselben auch noch hinauf, dann kann man so schön hinunterschauen. Oder in die Herrenhäuser Gärten. Früher konnte man da noch umsonst hinein. Dann sind wir um die große Fontäne herumgegangen, hier und da noch in diese kleinen Gärten, Rosengarten, Barockgarten und vieles mehr. Zurück ging es über die Wasserkunst, immer so schön unheimlich, wenn man das Wehr hinunterguckte und das Wasser da hinunterprallte!

Der Druck der hohen Fontäne kommt über die Wasserkunst.
Depression wird von Psychologen als mentale Erkrankung verkannt!
Ich bin ständig traurig, kein Wunder beim Zustand der Welt!
Traurigsein ist ein Pflichtzustand für alle denkenden und mitfühlenden Menschen, nicht nur für Intellektuelle.
Am 30. April ist Walpurgisnacht, es war also kein Zufall, dass Hitler sich an diesem Tag umgebracht hatte, eine letzte Huldigung an seinen Herrn und Meister Satan.
Was auch sehr interessant ist: Das Wort Auschwitz bedeutet „heiliger Ort", Satan ergötzte sich sicher daran!
Wenn alles mit Bakterien in einer Ursuppe begann, wo kam die Ursuppe her? Nichts kann nichts erschaffen, und der Urknall war das mächtige Wort Gottes, das alles in die Existenz rief.
Ich bin ein unpraktischer Mensch. Um meine Einsamkeit zu beenden, beschloss ich, mir Katzen zuzulegen. Die waren schon 6 und 7 Jahre alt. Katzen sind ja so ein „alte Damen Ding". Dann ärgerte ich mich, dass sie immer nur so herumlagen und schliefen. Also holte ich mir eine Katze vom Bauernhof. Schwerer Fehler, das wilde Ding turnte in meinem Ficus Benjamini herum, riss ihn um, überall dieses rote Granulat, also wieder den Staubsauger holen. Felix, der nicht der gestiefelte Kater war, warf Sachen vom Schreibtisch, beschädigte die Tastatur des Laptops und musste beim Kochen und Backen ins Klo gesperrt werden, weil er überall seine kleine Nase drin hatte.
Und die beiden Damen Molly und Kitty hat er ordentlich aufgemischt, jetzt war Leben in der Bude!
Paulinchen war allein zu Haus, die Eltern waren beide aus.
Die Katzen hießen Minz und Maunz, auch hübsch.
Jetzt ist Cornelia alleine mit Molly, Kitty und Felix.

Was die Christenheit angeht, ist das hitzigste Thema die Entrückung. Die Einen glauben daran – die Anderen nicht.
Wir leben in den Endzeiten, darin sind sich alle einig. Es geht um eine wahrscheinlich 7 Jahre lange Zeit, an deren Ende Jesus Christus wiederkommt.

Jetzt hoffen viele Menschen, dass sie nicht durch diese schrecklichen Zeiten durchmüssen und dass sie davor von Jesus in den Himmel entrückt werden. Manche glauben, das geschieht erst in der Mitte der 7 Jahre, nachdem der Antichrist sich im neuerbauten Tempel in Jerusalem breitgemacht hat.

Er will als Gott angebetet werden, darum hat er ja damals eine Palastrevolte im Himmel angezettelt. Gott hat „die Falltür" geöffnet, und schwupps runter mit ihm und einem Drittel der Engel, die da mitgemacht haben.

Dieser Antichrist wird charismatisch sein – und ganz gewiss keine Hufe haben. Er wird Frieden bringen und alle Welt wird ihn lieben. Satan ist nicht allgegenwärtig wie Gott, aber er wird es fast sein durch Technologie! Alle werden eingescannt sein, bargeldloser Zahlungsverkehr – die totale Kontrolle – und viele lassen sich heute schon „chippen" – ist doch so schön easy, also bequem. Und wenn man da nicht mitmacht, kommt man plötzlich nicht mehr an sein Geld ran – und kann kein Essen mehr kaufen, keine Wohnung mieten, rein gar nichts mehr!

Ich hoffe ja nur, dass Gott mir auch Raben mit Essen vorbeischickt, wie es einem Propheten im Alten Testament erging. Einer der Propheten war sauer und lamentierte herum, von wegen Hitze und so, da ließ Gott über ihm einen Rizinusstrauch wachsen. Denn: Wer den Chip annimmt, ist verdammt! Also wer da mitmacht bei diesem teuflischen System.

Ich habe mich immer gewundert, wie es dem Antichristen möglich ist, zu kontrollieren, wer ihn da anbetet – oder nicht, ist doch klar, es ist die totale Überwachung durch Technologien! Wer nicht mitmacht – Kopf ab.

Ich habe einen etwas seltsamen Kosenamen für Gott, nämlich „Majestät", ich hatte keinen (anwesenden) Vater, und das macht es mir schwer, ihn mit Vater oder Abba anzureden.

Ich war ja bettelarm in jenen frühen Jahren in Hannover. Gott sei Dank haben uns die freundlichen Schwestern im Hause Tabea Eintrittskarten verschafft – für nur 20 Pfennig Vergnügungssteuer, mit diesen Karten war ich in der glücklichen Lage, „Die Ratten" zu sehen.

Das schönste Erlebnis aber war „Aida", im Opernhaus von Hannover! Als die Sänger anfingen zu singen, säuselte der neben mir Sitzende mir ins Ohr: „Schöne Aida!"
Gut, ich habe nicht gelacht, man lacht nicht nette Leute aus! Vielleicht war es mein schwarzes Kleid (natürlich second-hand), das ihn so gerührt hat!
Wer kann schon in die Gehirne der Menschen gucken!
Ich kann das Konzept des Bösen nicht wirklich verstehen, wer war denn nun böser, Stalin oder Hitler?
Sie sagen ja, dass es Hitler war, weil er mit solch kaltblütiger Akribie daran ging, all diese Juden auszulöschen, neben Roma und anderen unerwünschten Bevölkerungsgruppen. Ich denke, es war diese effiziente kaltblütige Maschinerie, die dahinterstand, was im Nachhinein die Leute zu Tode erschreckt hatte, kein fuchtelnder Dschingis Khan auf einem Pferd, diese Pläne wurden in Büros geschmiedet, sehr effizient.
Man darf ja auch nicht mehr Negerküsse sagen, warum denn bloß nicht? Ich habe sogar einem farbigen Mann vergeben. Der hat mir mit einem Messer am Hals befohlen, ihm zu Willen zu sein. „Na gut", dachte ich, „ich bin Tamponträgerin, mir kann nicht viel passieren."
Es hat trotzdem weh getan! Und ich dachte wirklich: „Jetzt ist es aus!"
Ich bin ihm entkommen – in einer wildfremden Stadt (New York) ist alles höchst eigenartig.
In einem Horrorfilm habe ich einmal einen bemerkenswerten Satz aufgeschnappt: „Die Mutter ist Gott in den Augen eines Kindes."
Alle Welt spricht über den Teilchenbeschleuniger im Kanton Genf – in der Schweiz. Für die Freunde des Englischen: large hadron colider.
Die Eröffnungsfeier war alles andere als wissenschaftlich, da hüpften Leute verkleidet herum, es war auch ein „Ziegenmann" dabei, er verkörperte den Gott Bahomet, letztendlich war das eine okkulte Show. Warum Millionen für diese riskante Sache ausgeben (ich meine das Beschleunigen von Teilchen), wenn dabei ein schwarzes Loch entstehen kann? Na denn, gute Nacht Erde!

Man ist auf der Suche nach dem Gottpartikel.
Und das Logo von CERN besteht aus 3 Sechsen, die ineinander verschlungen sind. 666 – die Zahl des Tieres!
Was die wirklich beabsichtigen – ich weiß nicht, ob das alle Physiker dort wissen – ist die Öffnung in andere Dimensionen.
Die spielen mit dem Feuer. Letztendlich kann Satan dort mit seinen Dämonen rauskommen. Die Aliens (Ausserirdische) sind nämlich Dämonen, Hollywood hat uns prima auf Aliens vorbereitet.
Nun ist Satan kein Freund der Menschheit und setzt alles daran, uns zu vernichten!
Er weiß, dass er nur noch wenig Zeit hat, bis Jesus Christus wiederkommt. Und die Globalisierung und Entwicklung der Technologien spielen ihm in die Hände.
Das fand ich heute: DIE BIBEL VON 2012 IN DIE ENDZEIT.
Im Fall der Entrückung steht diese Domain
zur freien Verfügung …
süß, nicht wahr?

Psalmen
Gott blickt vom Himmel herab auf die Menschen, ob noch ein Verständiger da ist, der Gott sucht.
Die Toren sagen in ihrem Herzen: Es gibt keinen Gott. Sie handeln verwerflich und schnöde, da ist keiner, der Gutes tut.
Alle sind abtrünnig und verdorben, keiner tut Gutes, auch nicht ein Einziger. Haben denn die Übeltäter keine Einsicht? Sie verschlingen mein Volk. Sie essen Gottes Brot, doch seinen Namen rufen sie nicht an.

Werner Karl Heisenberg
Der erste Trunk aus dem Becher der Naturwissenschaft macht atheistisch; aber auf dem Grund des Bechers wartet Gott.

König David war ein Mann mit einem Herzen für Gott. Das hielt ihn aber nicht davon ab, die schöne Batseba zu begehren. Er schickte ihren Ehemann an die Front, wo derselbe starb. Er heiratete sie, doch ihr erstes Kind starb. Danach bekamen sie

Salomon. König David hatte mehrere Frauen. Die erste war die Tochter von König Saul.

Es ist wichtig, immer wieder zu Gott zurückzufinden.

Es ist kaum zu glauben, aber ja, ich habe auch eine humorvolle Seite an mir! Ich gucke gerne „Are you being served" auf youtube! Wem das zu anspruchsvoll ist, dem empfehle ich „Carol Burnett and friends", besonders die Episode mit dem Elefantenmann. Oder auf „Are you being served" *German week*!

Meine Oma hat immer gesungen, wenn sie an der Nähmaschine saß.
Eines ihrer Lieder war „Befiehl du deine Wege", das andere war nicht so fromm: „Rund um die Brust, in der Mitte nicht so dick, dazu ein schlankes Bein, ja so muss sie sein …"
Ich erfülle diese Kriterien – bis auf die Mitte!

Einmal hat uns Kinder der Onkel Claus abgeholt, wir saßen hinten im Auto und es sollte nach Hamburg gehen. Ging es auch, aber Onkel Claus und seine Flamme haben die ganze Zeit nur gestritten. In Hamburg sind sie ausgestiegen und haben weiter gestritten. Wir saßen im Wagen und dachten wohl: „Was nun?" Irgendwann ging es zurück nach Hannover. Komisch, an was man sich so erinnert!
Ich bin froh ein Kind dieser Zeit zu sein, wer weiß, hätte ich im Mittelalter gelebt, die Messe nur auf unverständlichem Latein gehört, hätte ich da einen Bezug zu Gott gefunden?
So sehe ich mit eigenen Augen, wie die Prophezeiungen wahr werden. Auf youtube.

Schreiben ist eine lustvolle Qual

Schreiben ist eine lustvolle Qual. Im Hintergrund ist die Kakophonie der Polizei- und Feuerwehrsirenen zu hören. Das geht den ganzen Tag so. Dann heult auch noch ein Hund irgendwo im Hintergrund – Weltuntergangsstimmung. Ich habe den Winterblues, ganz eindeutig. Vor Weihnachten graut mir auch schon, denn am 2. Weihnachtstag musste mein Mann im Rettungswagen in das Krankenhaus gebracht werden.
Vorher war er in der Dusche zusammengebrochen und lag dann nackt und schwach im Bett, nachdem meine Söhne ihn dahingeschleppt hatten. Ich strich über seinen Rücken und spürte, wie die Liebe Gottes durch meine Hände in ihn hineinfuhr.
Gott hat ihn dann im Januar zu sich geholt. In der Bestattungswoche am 8. Januar bat ich meinen jüngsten Sohn mit dem USB-Stick nach Cuxhaven zu fahren, um das Porträt seines Vaters erstellen zu lassen.
Vorher hatte ich ihn vergnüglich herumwerkeln hören, auf unserem Dachboden gemeinsam mit einem Freund.
Da kamen dann Sätze wie „Das ist schon der fünfte Schraubenzieher!" – oder ähnlich – mein Mann hatte einen Kaufrausch, was Werkzeug anging.
Mein Sohn wollte aber nicht und gab mir sogar diese Hiobsbotschaft: „Wenn du jetzt fährst, werde ich nicht mehr in diesem Haus sein, wenn du wiederkommst!"
Ich dachte mir, nie würde er mir das antun – und ich brauchte ja noch ein schwarzes Kleid. Richtig, als ich zurückkam, war das Haus leer – bis auf den Hund!
Heute habe ich Post von „meinem" Strafgefangenen bekommen, er sitzt in Lübeck ein und ist wahrscheinlich der einzige Mensch auf diesem Planeten, der an meinen Geburtstag denkt!
Auf der Karte steht: „Ein Freund ist jemand, der die Melodie deines Herzens kennt."
Schön, nicht wahr?
Er wünscht mir auch ein langes Leben, komisch, dass die Leute alle so am Leben hängen!

Ich hatte schon immer eine soziale Ader, als junges Mädchen bin ich mit der Straßenbahn zum Annastift gefahren, das ist in Hannover.
Dort lebte ein jüngeres behindertes Mädchen, ich habe ihr Brot geschmiert und die Radieschen darauf garniert. Ich glaube, sie hat mich geliebt. Ihre Augen leuchteten auf, wenn ich das Zimmer betrat.
Als Kind war der Sommer für mich mit einem Geruch verbunden. Wenn die Sonne die saubere Luft erwärmte, dann dazu noch der Geruch und Geschmack von Eiskrem, hmm ... oder in Österreich der Geruch von warmem Heu.
Hallstadt ist eine sehr schöne Stadt in Österreich, so pittoresk, es liegt angeschmiegt am Hallstädter See, hinten begrenzt von einem Felsmassiv, es wäre echt schade, wenn es eines Tages keine Berge mehr geben würde!
Man muss in diesem Felsenmassiv parken, oder man kriegt einen Parkschein (= ein Ticket), um die Schranke zu öffnen.
Dann parkt man im Freien.
Heute habe ich wieder etwas gelernt. Die größten Unterschiede zwischen Christentum und Islam. Der Christ versucht seine sündige Natur zu reinigen und erhält im Himmel den Lohn für das Durchhalten. Der Moslem fastet ja im Ramadan, abends wird dann um so mehr gegessen. Der männliche Muslim kann sich im Paradies auf die Jungfrauen freuen, die Frauen gehen Mal wieder leer aus.
Es scheint im Islam nur um fleischliche Genüsse zu gehen.
In Amerika habe ich einmal die Gegenwart Gottes gespürt. Das ist etwas Unvergleichliches, man hat plötzlich keine Bedürfnisse und Wünsche mehr, man möchte da nie wieder weg! Das ist nicht das Nirwana, das Nirwana ist das Nichts, wer möchte schon immer im Nichts bleiben?
Als gute deutsche Familie hatten wir immer einen Adventskranz. Ein Weihnachten ging ich die Treppe unseres Hauses in Nordholz hinab. „Komisch", denke ich, „wir haben doch gar keinen Kamin – warum sehe ich einen Feuerschein?" Ich betrete das Wohnzimmer und sehe, dass das Adventsgesteck brennt!

Beherzt ziehe ich mir Grillhandschuhe an und bringe das Ding auf die Terrasse. Dort fackelte es immer wieder Mal auf, das war vielleicht lustig!
Ich erinnere mich an eine ganz schreckliche Nacht, nachdem meine Kollegin Astrid gestorben war!

Ich habe den ganzen Abend geweint und die ganze Zeit „Awinu malkeinu" von Barbra Streisand gehört, aber es hat auch nicht geholfen, ich habe sehr lange geweint!
Ich weiß auch nicht, warum manche Christen so bierernst sind! Neulich hatten wir einen Gastprediger in unserer Kirche und er sagte – ganz zu Recht –, dass Gott manchmal lache, wenn er meinem Treiben so zuschaue. Ich gab dann diese verblödete Antwort: „Ja, ich weiß, dass er sich mit seiner Bande von Engeln über mich totlacht!"
Seine Ehefrau: „Das darf man nicht sagen! Worte haben Macht!" Ich sag dann ja nichts, ich habe nur gedacht: „Gott kann doch gar nicht sterben!"
Zarah Leander hat ja mal gesungen „Nur nicht aus Liebe weinen", ja bitte, aus welchem anderen Grund denn?
Im Wohnheim Tabea haben Marlies und ich gespielt „Wer findet es zuerst?".
Sie hatte irgendetwas im Zimmer versteckt – und ich wusste sofort, wo es versteckt war! Sie beschuldigte mich, dass ich es durch das Schlüsselloch gesehen hätte! Hatte ich aber nicht!

Meine Kinder waren Gott sei Dank nie markenbewusst, aber sie waren auch schön genug, um ohne Adidas oder was immer gut auszusehen! Marten war immer in Schwarz gekleidet – so was von cool!
Und Ansas machte seine eigenen kleinen Schildchen für seinen Fischverkaufsstand am Steubenhöft. So hat er sich seinen Führerschein verdient.
Eines Abends kam ich von der Arbeit nach Hause und denke, komisch – wo ist denn der BMW?
Ich gehe ins Haus und mein Mann sagt: „Reg dich nicht auf!"

„Was ist denn hier los?"
„Marten hat einen Unfall gebaut!"
„Was?"
„Ihm ist nichts passiert!"
Das war mir in dem Moment sch...egal! Aber – er tat mir auch leid!
Der BMW ist ein Totalschaden!
Na klasse – und jetzt? Jetzt steigt die Autoversicherung wieder!
Ist ja außerordentlich klasse – das!
So geht es einem, wenn man nie Geld hat – der Hausabtrag kostet 950 € im Monat! Aber ich habe Marten dann doch getröstet!
Habe gerade wieder Apfelkuchen für die Kirche gebacken. Ist ja auch in Ordnung, aber hinterher klebt alles von all dem Fett!
Wenn ich Mal wieder ruhelos durch das Haus tigerte, sagte mein Mann immer zu mir: „Du willst ja gar nicht schlafen!" Wollte ich schon, aber ich schlafwandele auch und leere den Inhalt des Kühlschranks in meinen Magen – und wundere mich am nächsten Morgen, wie die leeren Käsepackungen neben den Kühlschrank gekommen sind.
Manchmal mache ich beim Schlafwandeln etwas Positives. Habe zum Beispiel aufgeräumt, ist doch toll, dass ich das nicht als Arbeit gesehen habe, denn es wurde mir gewissermaßen im Schlaf gegeben.
Es gibt eine falsch übersetzte Bibelstelle „den Seinen gibt es der Herr im Schlaf".
Richtig: „Den Seinen gibt der Herr Schlaf."
Und dann ist da noch die Sache mit meinem roten Bademantel. Ich hatte um einen Kostenvoranschlag für Malerarbeiten gebeten, was mein Wohnzimmer und einen Teil der Küche betraf.

Eines Nachmittags klingelt es. „Wer ist denn das nun wieder?", denke ich. Ich öffne im besagten Bademantel und der Angestellte eines hiesigen Malereibetriebs kommt herein.
Er vermisst alles und ich habe einige Tage später den Kostenvoranschlag in der E-Mail. 1300 €!!!!
Nee, denke ich und schreibe an das Unternehmen eine Absage.
Schreibt dieser Lüstling mir doch, ich sollte das nächste Mal nichts unter meinem roten Bademantel tragen, dann könnte man den Preis nochmal verhandeln!
Also bitte, bin ich nur 1300 € wert? Nicht mit mir!

Die Oma hatte es mir ermöglicht mit der Schüler-Ski Gemeinschaft nach Österreich zu fahren, wohlgemerkt im Sommer!
In der ersten Nacht musste ich brechen – Heimweh!
Seitdem war ich bei den jungen Mädchen durch!
Ich hatte noch nie so hohe wunderschöne Berge gesehen! Auf der Rückfahrt habe ich dann der Oma aus Salzburg Milkaschokolade mitgebracht und einen Anhänger mit einem Enzian darin. Und es war an einem schwarzen Samthalsband befestigt, ich hatte also schon damals Stil – mit nur 11 Jahren!
Ich war schon immer ein wildes Ding, ich hatte keine Bergschuhe mit – wer braucht schon Bergschuhe in Hannover?
Also, ich krieche diesen Abhang in meinen Sommersandalen rauf, rutsche natürlich immer Mal wieder ab. Aber ich schaffte es bis nach oben! Danke Herr!
Das passierte übrigens in Lend, im Pinzgau.

Ich liebe es, zu lernen. Aufgepasst, gleich kommt eine Perle.
Wenn man die Namen im Alten Testament anschaut, erfährt man gewissermaßen das Ende vom Anfang an.
Adam bedeutet Mensch
Set bedeutet „bestimmt zu".
Enosch bedeutet „sterblich".
Kenan bedeutet „Kummer".
Mahalalel bedeutet „der Gesegnete".

Jered bedeutet „wird herniederkommen".
Henoch bedeutet „lehrend".
Methusalem (oder Metuschelach) bedeutet „sein Tod wird bringen".
Lamech bedeutet „den Verzweifelten Rast und Trost".

Der Mensch ist bestimmt sterblich zu sein und Kummer zu haben, (nach dem Sündenfall), aber der Gesegnete wird herniederkommen (Jesus), wird die Menschen lehren und sein Tod wird den Verzweifelten Rast und Trost bringen.

Albert Einstein war richtig wütend, wenn man ihm das Wort im Munde umdrehte, er hat nämlich nie gesagt, dass es keinen Gott gebe! Prokrastination ist ein englischer Ausdruck für „etwas hinauszuzögern, zaudern". Well, I always did procrastinate, wenn es ums Lernen ging. Dann war das Abwaschen oder ein Film im Fernsehen interessanter als das blöde Lernen! Wie ich es dennoch geschafft habe, ist mir ein Rätsel!

Mit deinem Brot,
das du für mich brachst,
nehme ich dich auf oh Herr,
dein Blut trinke ich,
welches du mir gabst;
welches meines reinigt
von der Sünde,
die mir innewohnt,
denn sie soll mich versuchen,
dass ich ihr widerstehe,
mich bestärkt
an dich zu glauben,
jeden Morgen aufs Neue,
denn wenn der neue Tag anbricht,
es bleibt nichts wie gestern,
ich nehme dich an
weil auch du mich annimmst,

bist für mich gestorben
und wieder auferstanden,
um mir einen Teil deines Leibes
und Blutes zu schenken,
denn du bist mein Vater,
hast mich ins Leben gerufen,
dass ich dir folge
und deine Botschaft weitergebe.

Jan-Ingmar Fabisch

Sein Blut hat meines gereinigt,
das Er für mich vergoss,
weit entfernt von mir,
doch war Er immer da,
nur sah ich Ihn nicht,
weil ich blind war
und hörte nicht,
da ich taub war
und es brach eine neue
Zeit an,
in der ich erkannte,
IHN wahrnahm,
den, der mich errettet
und ich nannte Ihn bei
seinem Namen
Jesus
und Er wurde wahr,
mein Fundament,
das mich trägt
solange ich stehen kann
und wenn ich falle,
richtet Er mich auf,
ist mein Eckpfeiler
auf den ich bauen kann,
bis ich gefestigt bin

über alle Risse hinweg,
so baue ich auf IHN
und verstärke mein Fundament,
auf dem ich sicher bin und mein
Tor öffne, um das Licht zu
mir zu lassen, sein Licht, dass ich ICH
sehe und sein Wort, dass ich IHN höre
und seinen Namen, dass ich allen weiter-
sage, Jesus lebt, denn ER ist wahr
geworden und ist unter uns,
öffnet eure Augen und eure Ohren,
dass ihr seht und hört
und öffnet euren Mund, dass
ER zu euch spricht,
denn ER ist das Wort,
das in euer Herz kommt.

Meine Tante Mieze war eine ungewöhnliche Frau. Leider hat sie mich nicht ins Vertrauen gezogen; als ich ihr von meiner Vergewaltigung erzählte, hat sie nicht das Gleiche getan.
Später erfuhr ich, dass sie von ihrem Vater vergewaltigt wurde und daraus entstand ihre Tochter Christa. Christa schielte und ist Mal gegen die Straßenbahn in Hannover gelaufen.
Beide Frauen sind schon lange tot.
Esther Williams war eine Legende des Wasserballettes. Ich schwimme also so im Hallenbad von Cuxhaven herum – und die Leute im Schwimmbecken starren mich so seltsam an! Ja, denke ich, seht euch satt – ich bin Esther Williams!
Als ich in die Umkleidekabine gehe und in den Spiegel schaue, kommt die Wahrheit ans Tageslicht! Ich hatte vergessen mich abzuschminken und die Mascara lief in breiten Spuren mein Gesicht hinunter!
Was ich geschmacklos finde? Wenn man auf Beerdigungen – oder Seebestattungen – Fotos macht! So geschehen bei der Bestattung meines Mannes!

In dem Film „slumdog millionaire" gibt es eine Szene, in welcher einem Kind das Augenlicht geraubt wurde, um mit dem Mitleid der Leute einen Gewinn zu machen. Grauenhaft, was für eine Welt!
Ich habe eigentlich einen „erlesen schlechten Geschmack", ich habe eine lange Zeit Horrorfilme geguckt, ich sah das als eine Art von soziologischer Studie: Wie verhalten sich Leute in einer Krisensituation? Genau. Zum Beispiel „The walking dead", schlimmer geht immer!
Gerade ist ein neues Gedicht von Jan hereingekommen:

Leise fällt die Zeit übers Land,
entfacht Licht und Liebe
und Besinnlichkeit über uns. Eine
Zeit, in der wir unser Herz öffnen,
es ist Weihnacht in der dunklen
Jahreszeit leuchten unsere Herzen
und wir schenken sie allen,
die sich nach ihnen sehnen,
lasst uns gemeinsam werden,
um zu teilen und glücklich zu sein.
Hört die Glocken in euren Herzen
läuten, voller Freude und Glück,
denn es ist eine Zeit
in der wir näher sind.

Heute habe ich mal wieder eine lustige Geschichte geschrieben, also man denkt sich etwas aus und bezieht die anwesenden Menschen ein.
Sehr einfach! Man schreibt also die Geschichte – und lässt einfach die Eigenschaftswörter aus – und dann frage ich reihum – und bitte nicht betrügen, also dann entsteht so etwas:

Ein doofes Weihnachtsfest allen nassen CCC-lern.
Es ist mal wieder Heiligabend, die lustige Zeit im Jahr. Wart ihr alle artig, ihr tralala Leute?

Wen haben wir denn da: die grüne Küchenfee Petra und ihre saure Tochter Chrissie!
Petra wütet immer „schillernd" im Gebäude. Fast so leuchtend wie die ratlose Annegret!
Wer schreibt denn diese singende Geschichte? Es ist die frierende Cornelia!
Der traurige Sharif haut sonnig rein.
Heute habe ich den neuesten „Star Wars" Film gesehen. Ist viel zu lang, aber die special effects (Spezialeffekte) waren toll. Nur, die 3D Brille verursacht mir Kopfschmerzen.
In El Paso habe ich die Fachhochschulreife nachgemacht. Einer der Soldaten fragte mich, wie lange ich es gebraucht habe, um so gut Deutsch zu können – ich hatte vier Einsen fabriziert. Ich drehte mich auf der Klassenbank um und sagte: „35 Jahre."
Ich habe ja einen kleinen Kater namens „Felix", ein munteres Kerlchen, aber warte, warte noch ein Weilchen, dann kommt das „Beilchen" auch zu dir, sprich das Kastrationsmesser! Neulich springt er vom Wohnzimmertisch auf einen schweren Stuhl – und wirft denselben um! Die nächste Untat lässt nicht lange auf sich warten, ich sitze am Laptop und höre ein lautes Poltergeräusch. „Nanu", denke ich, „bricht da jemand ein?" Ich eile Richtung Eingangstür und sehe den umgekippten Kleiderständer, die Sachen alle schön im Flur verteilt und Felix genüsslich an meinem Seidenschal ziehend.
Die nächste Attacke in der Folgenacht, ich sitze schlaftrunken auf dem Klo, da verspüre ich einen Schlag am Hinterkopf, dann sprang Felix von hinten hinunter und ich sah den schweren Föhn links neben mir auf dem Boden liegend und alles andere, was auf dem Sockel war.
In solchen Momenten kann man schon mal sauer werden.
Ich brauche einen neuen Computer, es ist furchtbar, wie technikabhängig wir geworden sind! Frei nach Loriot: Ein Leben ohne Computer ist möglich, aber nicht sinnvoll.

Die Autorin

Die Autorin ist Jahrgang 1952, Witwe und hat zwei erwachsene Söhne. Sie machte eine Ausbildung zur PTA in Braunschweig. Mit ihrem Mann, einem Bundeswehrsoldaten, hatte sie die Chance, zweimal in die Staaten zu gehen. Dort studierte sie beim zweiten Aufenthalt einige Semester an der dortigen Universität in El Paso, Texas.

Heute lebt sie alleine in Cuxhaven. Auch Jan-Ingmar lebt in Cuxhaven.

Der Verlag

„ *Wer aufhört
besser zu werden,
hat aufgehört
gut zu sein!*

Basierend auf diesem Motto ist es dem novum Verlag ein Anliegen neue Manuskripte aufzuspüren, zu veröffentlichen und deren Autoren langfristig zu fördern. Mittlerweile gilt der 1997 gegründete und mehrfach prämierte Verlag als Spezialist für Neuautoren in Deutschland, Österreich und der Schweiz.

Für jedes neue Manuskript wird innerhalb weniger Wochen eine kostenfreie, unverbindliche Lektorats-Prüfung erstellt.

Weitere Informationen zum Verlag und seinen Büchern finden Sie im Internet unter:

www.novumverlag.com